Το Κοχύλι της Λίνας

Κατασκευή Εξωφύλλου: Νεφέλη Καραδέδου - Ισουά
Εικονογράφηση: Νεφέλη Καραδέδου - Ισουά
Επιμ. Έκδοσης: Εκδόσεις Μέθεξις

© Copyright Εκδόσεις Μέθεξις 2014
Κεραμοπουλου 5, Θεσσαλονίκη ΤΚ 546 22
Τηλ. - Fax: 2310-278301
e-mail: info@metheksis.gr
www.metheksis.gr

ISBN: 978-960-6796-61-6

Αριθμ. Έκδοσης 69

Ευάγγελος Βλάχος

Το Κοχύλι της Λίνας

μέδεξις εκδόσεις

Θεσσαλονίκη 2014

1.

Μια φορά και ένα καιρό ή ίσως και λίγο πιο παλιά, υπήρχε ένα πολύ όμορφο χωριό που λεγόταν Πετράδι. Το Πετράδι ήταν ένα μικρό χωριουδάκι, το οποίο βρισκόταν κοντά στη θάλασσα από τη μία πλευρά και στο βουνό από την άλλη. Έτσι κάθε καλοκαίρι οι κάτοικοι του χωριού σκεφτόταν πολλές μέρες μέχρι να αποφασίσουν που θα πάνε διακοπές, μιας και είχαν δίπλα τους δύο τόσο όμορφες τοποθεσίες! Βέβαια κάποιες φορές σκεφτόταν για τόσο πολύ καιρό χωρίς να αποφασίζουν, που περνούσε το καλοκαίρι χωρίς να έχουν πάει πουθενά!

Σε αυτό το χωριό λοιπόν, ζούσε και μια αράχνη που την έλεγαν Λίνα. Η Λίνα ήταν μια πολύ καθωσπρέπει αράχνη! Είχε 8 μακριά πόδια, σκούρο καφέ χρώμα και κίτρινα σημάδια στην πλάτη της που σχημάτιζαν ένα μικρό χαμογελαστό πρόσωπο. Σε αντίθεση με εσάς και εμένα, η Λίνα είχε 4 ζευγάρια από μεγάλα, γυαλιστερά μάτια και έτσι μπορούσε να βλέπει πάρα πολύ καλά, ακόμη και στο σκοτάδι.

Η Λίνα είχε ένα φανταστικό ταλέντο! Μπορούσε να φτιάχνει καταπληκτικά σχέδια με τον μεταξένιο ιστό της! Όπως ίσως θα ξέρετε ο ιστός που υφαίνουν οι αράχνες είναι πάρα πολύ γερός και δυνατός, σχεδόν τόσο όσο το ατσάλι. Τα σχέδια που δημιουργούσε η Λίνα ήταν εντυπωσιακά, γεμάτα λεπτομέρειες και άφηναν τον Ήλιο να περνάει από μέσα τους και να τα κάνει να γυαλίζουν!

Μα, για μισό λεπτό!

Φοβάστε τις αράχνες; Όχι; Πάλι καλά! Πολύ χαίρομαι! Αν τις φοβόσασταν δεν θα σας άρεσε καθόλου αυτό το βιβλίο!

Δυστυχώς όμως οι κάτοικοι του Πετραδιού δεν ήταν τόσο γενναίοι όσο εσείς! Φοβούνταν τη Λίνα πάρα μα πάρα πολύ! Κάθε φορά που την έβλεπαν κάπου έβαζαν τις φωνές και έτρεχαν να κρυφτούν κάτω από τα κρεβάτια τους ή πίσω από το τραπέζι της κουζίνας!

Άλλες φορές προσπαθούσαν να την διώξουν πετώντας της τις παντόφλες τους ή κανένα σάπιο φρούτο! Ευτυχώς ποτέ δεν την πετύχαιναν, γιατί έτσι μικρή και γρήγορη που ήταν κατάφερνε να τη γλυτώνει πάντα την τελευταία στιγμή! Κάθε φορά που συνέβαινε κάτι τέτοιο, το σχέδιο στην πλάτη της άλλαζε και τα κίτρινα σημάδια σχημάτιζαν ένα λυπημένο πρόσωπο...

Η Λίνα έκανε ότι μπορούσε για να καταλάβουν οι χωρικοί πως δεν θέλει το κακό τους, γιατί αν και ήταν μικροσκοπική είχε μια μεγάλη καρδιά! Συγκεκριμένα:

1. Έπιανε τα κουνούπια και άλλα επικίνδυνα έντομα που ήθελαν να τους τσιμπήσουν στον ιστό της, έτσι ώστε να κοιμούνται ήσυχοι το βράδυ.
2. Όταν δεν την έβλεπαν χρησιμοποιούσε τον ιστό της για να ράψει τα σχισμένα ρούχα τους από τη δουλειά στα χωράφια.
3. Αν έβλεπε κάποιο νόμισμα ή κόσμημα που είχε πέσει σε κάποια χαραμάδα το τραβούσε πάλι έξω με τον ιστό της.

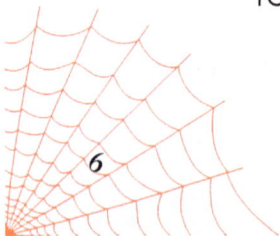

Όμως παρ' όλες τις καλές αυτές πράξεις της, οι χωρικοί την φοβόταν ακόμη πάρα πολύ. Η μόνη φίλη που είχε στο Πετράδι ήταν η Αρετή, η νεαρή μοδίστρα του χωριού. Η Αρετή ήταν πολύ ευγενική και δεν φοβόταν καθόλου τη Λίνα. Μάλιστα την άφηνε να μένει στη σοφίτα της και να φτιάχνει εκεί τους ιστούς της. Για να την ευχαριστήσει η Λίνα, τη βοηθούσε με το ράψιμο και με τα μπαλώματα, χρησιμοποιώντας βέβαια... καλά το μαντέψατε... τον ιστό της!

Κάθε φορά που ήταν στεναχωρημένη, και για να πούμε την αλήθεια αυτό συνέβαινε συχνά, η Αρετή προσπαθούσε να της φτιάξει το κέφι και την έπαιρνε μαζί της, μέσα στο καλαθάκι από το ροζ ποδήλατό της και πήγαιναν στην παραλία, όπου κοιτούσαν τη θάλασσα...

«Αχ...» αναστέναζε κάθε φορά η Λίνα... «Πόσο θα ήθελα να ταξιδέψω μακριά από εδώ, να πάω κάπου όπου δεν θα με φοβούνται...». Η Αρετή προσπαθούσε και αυτή να σκεφτεί κάποιο τρόπο να βοηθήσει τη μικρή αράχνη, αλλά δεν της ερχόταν καμιά καλή ιδέα.

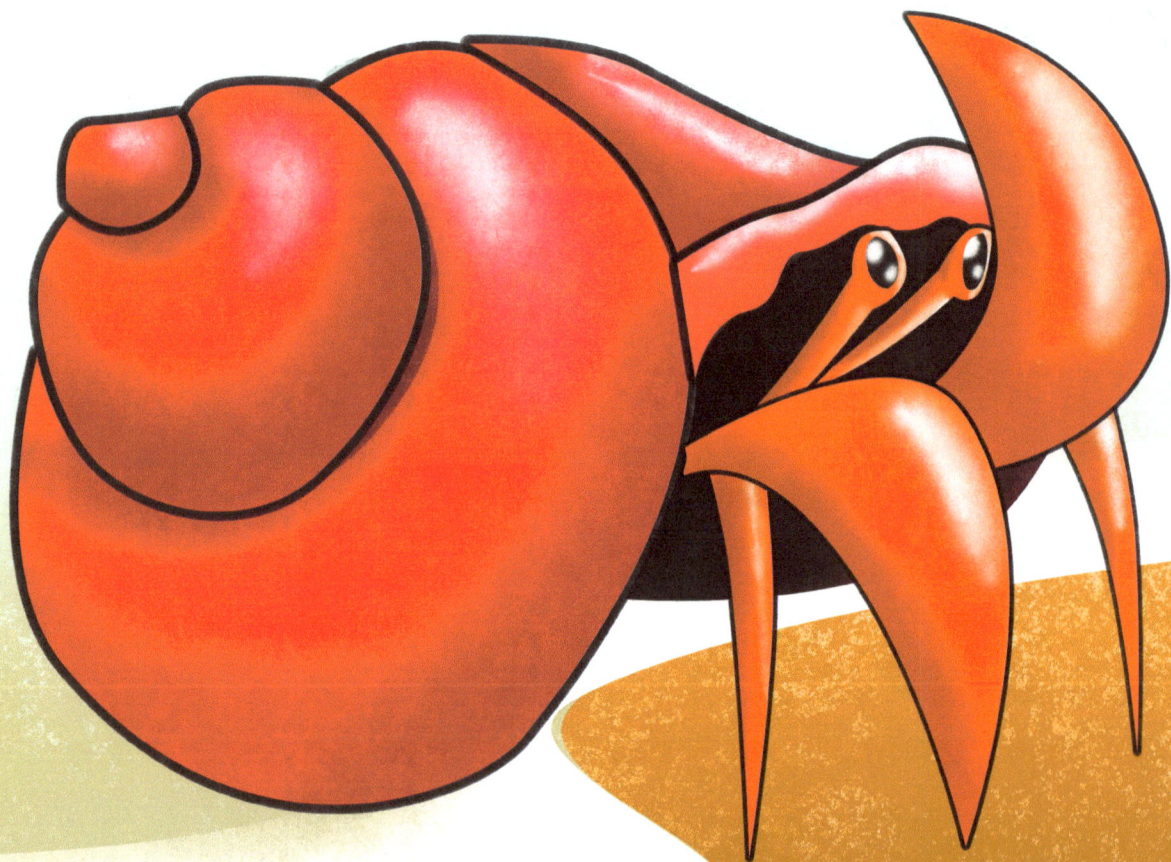

2.

Κάποιο πρωινό η Λίνα αποφάσισε να πάει μόνη της στην παραλία. Ήταν στεναχωρημένη γιατί νωρίτερα το πρωί ο Θύμιος, ο φούρναρης του χωριού, της είχε πετάξει την παντόφλα του μόλις την είδε, ενώ την ίδια στιγμή κρύφτηκε πίσω από μια γαλλική μπαγκέτα τρέμοντας από το φόβο του! Τελευταία στιγμή τη γλύτωσε η φίλη μας και έφυγε τρέχοντας και με τα 8 πόδια της από το φούρνο. Και να φανταστείτε, ότι είχε πάει εκεί για να φτιάξει έναν ιστό στο παράθυρο της αποθήκης για να μην μπαίνουν οι μύγες και μαγαρίζουν το φρέσκο ψωμί!

Δρόμο πήρε και δρόμο άφησε η Λίνα και έφτασε κάποια στιγμή στην παραλία. Η μέρα ήταν ηλιόλουστη και φυσούσε ένα απαλό αεράκι που έκανε το κύμα να χορεύει και να αφρίζει στην ακτή. Η Λίνα καθόταν πάνω στο αγαπημένο της βραχάκι και κοιτούσε πέρα στον ορίζοντα όταν ξαφνικά ένα μεγαλούτσικο κύμα έσκασε στην άμμο και κάτι γυάλισε στον ήλιο.

«Μπα, τι είναι αυτό;» αναρωτήθηκε η Λίνα και άρχισε να πηγαίνει πιο κοντά. Καθώς πλησίαζε είδε πως το κύμα είχε βγάλει έξω ένα στριφογυριστό κοχύλι! Ήταν ένα μεγάλο κατακόκκινο κοχύλι με μικρές ροζ γραμμές επάνω του! «Τι όμορφο που είναι!» είπε δυνατά η Λίνα εντυπωσιασμένη.

«Φυσικά και είναι όμορφο!!» ακούστηκε μια φωνούλα μέσα από το κοχύλι και σιγά σιγά βγήκε μέσα από την τρύπα ένας παχουλός κάβουρας. «Και αν θες να ξέρεις, δεν είναι απλά όμορφο! Είναι εντυπωσιακό, καταπληκτικό, αξιαγάπητο και μοδάτο!» είπε και χτύπησε με περηφάνια τους κόκκινους τοίχους του κοχυλιού με την μεγάλη δαγκάνα του.

«Αυτό που βλέπεις καλή μου, είναι η τελευταία λέξη της μόδας στα υποθαλάσσια σπίτια! Σύμφωνα πάντα με το περιοδικό Σπίτι & Ψάρι! Θα το διαβάζεις φαντάζομαι!» είπε ο κάβουρας και κοίταξε λοξά την Λίνα.

«Ε, ναι, βέβαια και το διαβάζω!» απάντησε ντροπαλά η Λίνα που δεν είχε ιδέα για τι πράγμα μιλούσε ο κάβουρας. Σπίτια μέσα σε κοχύλια; Μα που ακούστηκε;!

«Ναι ναι είναι πολύ μοδάτο!» συνέχισε ο κάβουρας που, όπως καταλάβατε, του άρεσε να περηφανεύεται για το κοχύλι του! «Πέρσι ήταν στη μόδα τα γαλάζια κοχύλια, όμως φέτος όλοι ξέρουν πως κάθε καλός θαλασσο-νοικοκύρης πρέπει να μένει μέσα σε ένα κόκκινο κοχύλι, αν θέλει να προσκαλεί τους φίλους του χωρίς να ντρέπεται για αυτό!»

Η Λίνα έξυσε λίγο το κεφάλι της με ένα από τα οχτώ της πόδια... Μια ιδέα γεννιόταν στο μυαλό της. Πλησίασε τον κάβουρα ακόμη περισσότερο και με περισσότερο θάρρος τώρα άρχισε να τον βομβαρδίζει με ερωτήσεις. «Και δε μου λες, πώς το βρήκες; Ήταν πολύ ακριβό; Είναι άνετο; Έχει air-condition; Και μπορείς και κινείσαι με αυτό; Είναι ωραία κάτω από τη θάλασσα; Έχει άλλα...»

«Ώπα, ώπα» την έκοψε ο κάβουρας σηκώνοντας ψηλά τις δαγκάνες του. «Ζαλίστηκα από τις ερωτήσεις σου βρε παιδάκι μου! Άσε που από ότι βλέπω έρχεται

ένα μεγάλο κύμα! Θα είναι ότι πρέπει για να με ξαναπάρει μέσα στη θάλασσα! Ευτυχώς που το πανέμορφο κοχύλι μου δεν έπαθε καμιά γρατζουνιά έτσι όπως με πέταξε η θάλασσα στην άμμο! Θα στεναχωριόμουν πάρα πολύ και δεν θα μπορούσα να φάω το παστίτσιο με φύκια που ετοίμασα!»

Πράγματι το κύμα ερχόταν με φόρα και η Λίνα αναγκάστηκε να πάει πιο πίσω για να το αποφύγει. Ο παχουλός κάβουρας μπήκε πάλι μέσα στο κοχύλι του και άφησε το νερό να τον παρασύρει μέσα στη θάλασσα! Λίγο πριν χαθεί μέσα σε ένα σωρό μπουρμπουλήθρες, έβγαλε έξω την δαγκάνα του και πέταξε κάτι προς την Λίνα! «Να, διάβασε αυτό για να λυθούν οι απορίες σου! Και μην ξεχνάς! Φέτος στη μόδα είναι το μπλλλλλλλλλλλλλλλλμπρρρρρ….»

Η Λίνα πλησίασε πάλι την ακτή τώρα που το κύμα είχε υποχωρήσει. Ο κάβουρας είχε ξαναγυρίσει στη θάλασσα, όμως αυτό που της είχε πετάξει έμοιαζε με βιβλίο! Εξετάζοντάς το πιο προσεκτικά η Λίνα είδε πως ήταν...

Μπορείτε να μαντέψετε;

Πολύ σωστά! Το καινούργιο τεύχος του «Σπίτι & Ψάρι»!! Η Λίνα το έσφιξε στην αγκαλιά της. «Πρέπει να το δείξω στην Αρετή! Αυτή θα με βοηθήσει σίγουρα!» αναφώνησε δυνατά, χωρίς να μπορεί να κρύψει τη χαρά της. Μια και δυο πήρε το δρόμο της επιστροφής για το Πετράδι. Τα κίτρινα σημάδια στην πλάτη της σχημάτιζαν ένα πρόσωπο με ένα τεράστιο χαμόγελο! Και μέσα στο μυαλό της δούλευε συνεχώς την φανταστική ιδέα της.

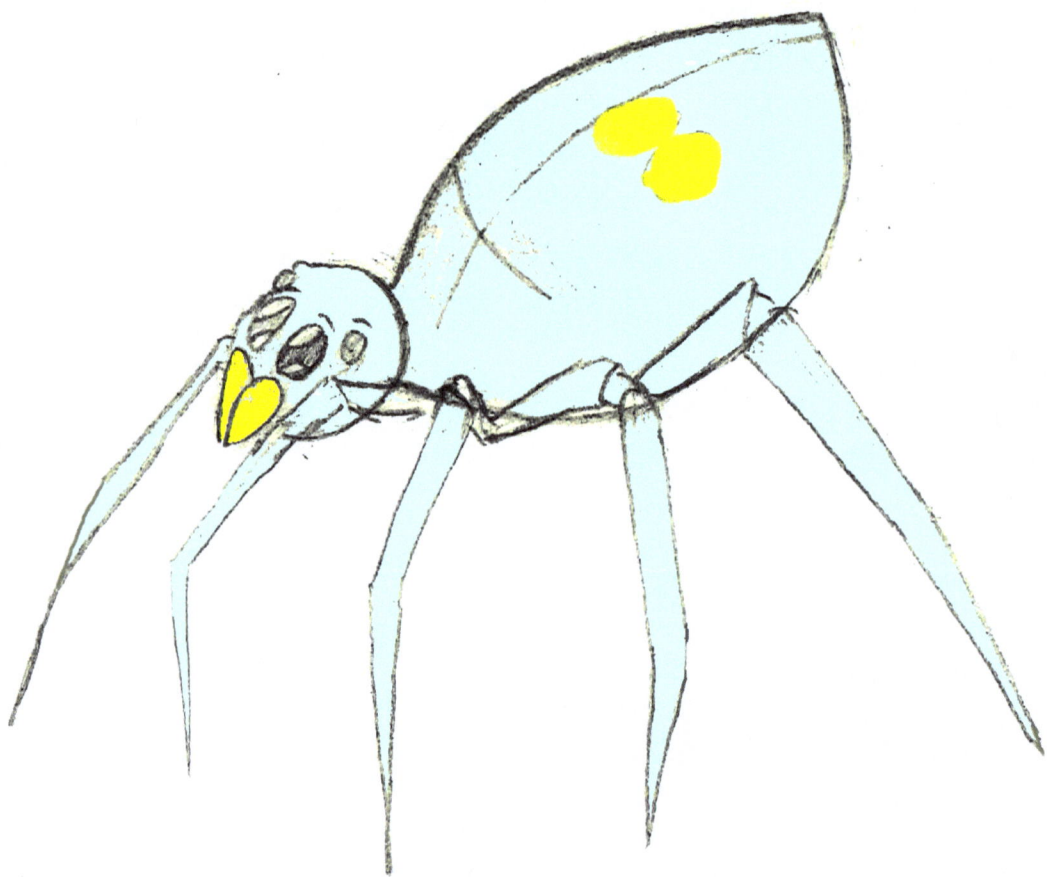

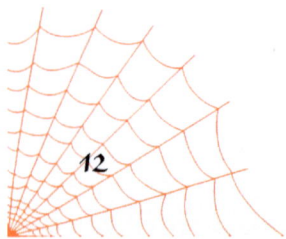

3.

Η απόσταση από την παραλία μέχρι το χωριό δεν ήταν πολύ μεγάλη. Μάλιστα κάποιος τόσο γρήγορος όσο εσείς θα μπορούσε να την κάνει σε δεκαπέντε λεπτά με τα πόδια. Όμως μια μικρή αράχνη σαν τη Λίνα έπρεπε να περπατάει για πολύ περισσότερη ώρα. Είχε να κουβαλάει και το περιοδικό με δύο από τα πόδια της οπότε όταν έφτασε έξω από το σπίτι της Αρετής είχε αρχίσει να βραδιάζει.

Η Αρετή καθόταν μπροστά από ένα μεγάλο ξύλινο μπάγκο και έραβε ένα κίτρινο φόρεμα, που ήταν σκισμένο στην πλάτη. Ήταν της κυρίας Ευτέρπης, που ήταν η γυναίκα του δήμαρχου του χωριού. Η κυρία Ευτέρπη είχε μια αδυναμία, το φαγητό! Της άρεσε πάρα πολύ να μαγειρεύει αλλά και να μασουλάει κάτι συνέχεια. Και ποτέ δεν ξεχνούσε να φάει ένα γλυκό μετά το γεύμα της. Κάθε χρόνο λοιπόν γινόταν όλο πιο λαίμαργη και πιο χοντρούλα, αλλά δεν ήθελε να πάρει καινούργια φαρδιά ρούχα!

Ήταν βλέπετε μεγάλη κοκέτα και πίστευε ότι χωρούσε στα ρούχα της μια χαρά, όσο και αν τη στένευαν. Όπως σίγουρα θα καταλάβατε, ήταν η καλύτερη πελάτισσα της Αρετής, που κάθε τρεις και λίγο έπρεπε να ξαναράβει τα ξεχειλωμένα φορέματα της κυρίας δημάρχου!

Η Λίνα πλησίασε στον πάγκο και βοήθησε τη φίλη της φτιάχνοντας νέα γερή κλωστή από τον ιστό της! «Σε ευχαριστώ Λίνα! Ας ελπίσουμε πως αυτή τη φορά θα κρατήσει περισσότερο...» είπε με παράπονο η Αρετή καθώς τελείωνε το φόρεμα και έκανε πίσω τα μαλλιά της.

«Δεν κάνει τίποτα!» είπε ενθουσιασμένη η Λίνα που δεν έβλεπε την ώρα να διηγηθεί το τι είχε συμβεί στην παραλία. «Που λες σήμερα το πρωί πήγα στη θάλασσα και εκεί...» άρχισε να εξιστορεί η μικρή αράχνη... Όταν τελείωσε την ιστορία της αναφώνησε όλο χαρά «Αποφάσισα να μείνω και εγώ σε ένα κοχύλι μέσα στη θάλασσα! Έτσι θα μένω μέσα στο νερό και δεν θα με φοβάται κανένας!»

Η Αρετή την άκουσε προσεκτικά και μετά έριξε μια ματιά στο περιοδικό του κάβουρα. «Λοιπόν» είπε σκεφτική «αυτή είναι μια πολύ καλή ιδέα όμως υπάρχει ένα πρόβλημα! Και μάλιστα αρκετά σημαντικό!»

«Ω όχι! Τι είναι;» αναρωτήθηκε η Λίνα και τα κίτρινα σημάδια στην πλάτη της σχημάτισαν ένα ερωτηματικό!

«Δεν μπορείς να ζήσεις κάτω από τη θάλασσα! Δεν έχει οξυγόνο για να αναπνεύσεις! Θα πρέπει να βρούμε ένα τρόπο να ξεπεράσεις αυτό το πρόβλημα!» είπε σκεφτική η Αρετή... «Χμμμμ...» είπε και η Λίνα ξύνοντας το κεφάλι της...

«Το βρήκα!» φώναξε! «Θα πάρω ένα τεράστιο καλαμάκι και θα μπορώ να το βγάζω έξω από το νερό για να αναπνέω!» Η Λίνα θεώρησε την ιδέα της τόσο καλή που άρχισε να χορεύει και με τα 8 πόδια της από τη χαρά της!

«Εμ.. δεν νομίζω...» είπε η Αρετή που δεν ήθελε να κακοκαρδίσει τη φίλη της. «Ας δούμε τι γράφει για αυτό η εγκυκλοπαίδεια!»

Η Αρετή είχε μια εγκυκλοπαίδεια με πολλούς τόμους που της την είχε πάρει δώρο ο παππούς της, επειδή αγαπούσε πολύ τα βιβλία. Οι τόμοι ήταν ταχτοποιημένοι προσεχτικά στη βιβλιοθήκη της. Αφού πήραν τον τόμο με το γράμμα Δ, οι δύο φίλες κάθισαν πάνω στο ντιβάνι για να το διαβάσουν.

«Πωπω! Πολύ εντυπωσιακό!» είπε η Λίνα που ποτέ πριν δεν είχε ξαναδεί εγκυκλοπαίδεια. «Εδώ θα βρούμε αυτό που θέλουμε» είπε η Αρετή και της έδειξε ένα άρθρο σχετικά με τους δύτες. Η Λίνα κοιτούσε με θαυμασμό την εικόνα ενός δύτη με μαύρη στολή κατάδυσης, ενώ η Αρετή διάβαζε το κείμενο.

«Λοιπόν, τι θα πρέπει να κάνουμε;» αναρωτήθηκε δυνατά η μικρή αράχνη.

«Καταρχάς θα χρειαστείς μια στολή δύτη. Μετά θα πρέπει να βρεις μια μάσκα για το νερό και δύο φιάλες οξυγόνου για να αναπνέεις, όπως δείχνει εδώ στην εικόνα. Ξέρεις κολύμπι;» ρώτησε η Αρετή.

«Εμμμ... Όχι δεν έχω ιδέα!» είπε η Λίνα αφού το σκέφτηκε λίγο πρώτα. Της άρεσε να βλέπει τη θάλασσα μα δεν είχε μπει ποτέ μέσα!

«Άρα πρέπει να σου μάθει κάποιος να κολυμπάς καλά και να βουτάς μέσα στη θάλασσα! Θα πρέπει να σε εξετάσει και ένας γιατρός! Έτσι λέει εδώ! Έχουμε πολύ δουλειά μπροστά μας. Καλύτερα να φτιάξουμε μια λίστα με τα πράγματα που χρειάζεσαι.Είσαι σίγουρη πως ακόμα θες να μείνεις μέσα σε ένα κοχύλι κάτω από τη θάλασσα;»

«Ναι , ναι είμαι σίγουρη! Το θέλω περισσότερο από κάθε τι!» είπε η Λίνα κοιτώντας μια την Αρετή και μια την εικόνα του δύτη στην εγκυκλοπαίδεια.

«Εντάξει τότε! Αύριο θα στρωθούμε στη δουλειά και θα δούμε που θα βρούμε όσα χρειαζόμαστε. Αλλά τώρα είναι αργά, ώρα για ύπνο!» είπε η Αρετή και χασμουρήθηκε.

Όμως η Λίνα ήταν πολύ ενθουσιασμένη για να κοιμηθεί! Τα σημάδια στην πλάτη της σχημάτιζαν ένα κίτρινο λαμπερό χαμόγελο που φωσφόριζε στο σκοτάδι! Τόσο χαρούμενη ήταν!

«Πσσσστ! Αρετή!» ψιθύρισε στο αυτί της φίλης της. «Μπορείς να μου κατεβάσεις τον τόμο Κ; Θα ήθελα να δω μερικές φωτογραφίες κοχυλιών πριν να κοιμηθώ!!»

4.

Το επόμενο πρωί η Αρετή ετοίμασε ένα πλούσιο πρωινό για αν αρχίσει καλά η ημέρα τους αλλά από τον ενθουσιασμό της η Λίνα δεν μπορούσε να φάει ούτε μια μπουκιά! Περίμενε πως και πώς να αρχίσουν να δουλεύουν πάνω στη στολή της!

«Λοιπόν πρώτα πρέπει να σου πάρουμε τα μέτρα σου» είπε η Αρετή καθώς έβαλε την μικρή αράχνη να καθίσει πάνω στο ξύλινο τραπέζι που δούλευε. Δεν είναι πολύ δύσκολο να πάρεις τα μέτρα ενός ανθρώπου, απλά πρέπει να τον μετρήσεις με τη μεζούρα για να δεις τις διαστάσεις του.

Όμως η Λίνα ήταν πολύ μικρή και είχε και οχτώ πόδια! Έτσι πήρε στην Αρετή λίγο παραπάνω ώρα από ότι περίμεναν αλλά στο τέλος τα κατάφερε. «Τώρα που έχω τα μέτρα σου, θα έχω φτιάξει τη στολή μέχρι το βράδυ!» είπε. «Αλήθεια, τι χρώμα θες να είναι;»

Η Λίνα το σκέφτηκε για λίγο... Ο κάβουρας της είχε μιλήσει για το ποιο χρώμα σπιτιού ήταν στη μόδα αλλά δεν της είχε πει τίποτα για τα ρούχα! «Πώς το ξέχασα και δεν τον ρώτησα» είπε.

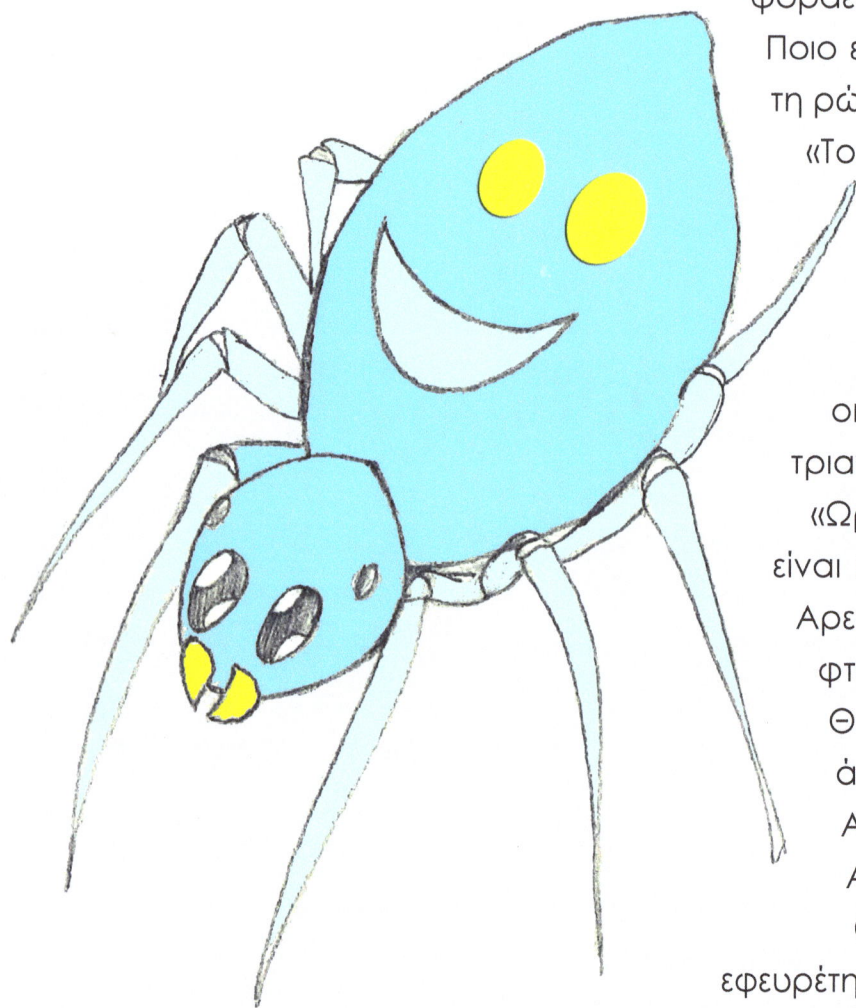

«Δεν έχει σημασία η μόδα! Ο καθένας φοράει τα χρώματα που του αρέσουν. Ποιο είναι το αγαπημένο σου χρώμα;» τη ρώτησε η Αρετή.

«Το κίτρινο» απάντησε χωρίς καθυστέρηση η Λίνα! Πράγματι το κίτρινο χρώμα της άρεσε περισσότερο από κάθε άλλο, γι' αυτό και τις άρεσαν τα κρινάκια, οι κίτρινες παπαρούνες, τα κίτρινα τριαντάφυλλα και τα ηλιοτρόπια!

«Ωραία λοιπόν! Η στολή σου θα είναι κίτρινη!» ανακοίνωσε με χαρά η Αρετή! «Όμως δεν μπορώ να σου φτιάξω μάσκα ή φιάλες οξυγόνου! Θα πρέπει να πας σε κάποιον άλλο για αυτά… Για να σκεφτώ… Α! Ναι! Θα πρέπει να πας στον Ανδρέα!»

Ο Ανδρέας ήταν ένας νεαρός εφευρέτης που ζούσε στο χωριό και είχε το εργαστήριό του κοντά στο μονοπάτι για το βουνό. Η Λίνα δεν είχε πάει ποτέ εκεί και έτσι δεν τον ήξερε.

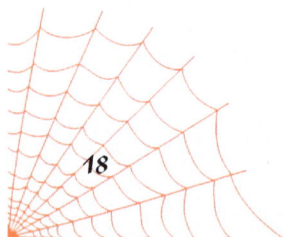

«Τέλεια!» αναφώνησε η μικρή αράχνη, με ένα μεγάλο χαμόγελο στα χείλη και στην πλάτη της! «Ξεκινάω αμέσως!» και με ένα σάλτο πήδηξε κάτω στο πάτωμα και κινήθηκε γρήγορα προς την πόρτα.

«Περίμενε!» της φώναξε η Αρετή! «Βλέπεις, ο Ανδρέας είναι εφευρέτης και πολύ έξυπνος μάλιστα, αλλά είναι φοβερά αφηρημένος! Δεν μπορεί να μείνει συγκεντρωμένος σε ένα πράγμα! Για αυτό και δεν έχει ολοκληρώσει καμιά εφεύρεσή του! Τις έχει αφήσει όλες στη μέση!»

Η Λίνα έξυσε το κεφαλάκι της, όπως έκανε κάθε φορά που ήθελε να σκεφτεί. «Χμ... Αυτό μπορεί να είναι όντως ένα πρόβλημα! Αλλά δεν πειράζει! Εγώ θα προσπαθήσω!»

«Καλή τύχη!!» της φώναξε η Αρετή καθώς άρχισε να ψάχνει τα σύνεργά της για να φτιάξει την κίτρινη στολή της φίλης της.

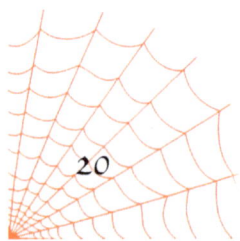

5.

Η Λίνα διέσχισε προσεκτικά το χωριό και έφτασε κοντά στο εργαστήριο του Αντρέα. Ήταν ένα παλιό διώροφο σπίτι με έναν κήπο που κανείς δεν είχε φροντίσει εδώ και αρκετό καιρό. Τα χόρτα φύτρωναν άγρια εδώ και εκεί, ενώ υπήρχαν και αρκετά σκουπίδια πεταμένα τριγύρω!

«Τι αχούρι!» σκέφτηκε η Λίνα που ήταν πολύ τακτική και δεν της άρεσε η ακαταστασία. Προχώρησε προς την μεγάλη ξύλινη πόρτα, χώθηκε γρήγορα- γρήγορα από κάτω και μπήκε μέσα στο σπίτι. Φαντάζεστε τι είδε?

Πολύ σωστά! Τα πάντα ήταν άνω κάτω! Τα παπούτσια ήταν έξω από την παπουτσοθήκη, οι κάλτσες πεταμένες στο πάτωμα, τα ντουλάπια της κουζίνας ανοιχτά, το γάλα έξω από το ψυγείο, τα παλτά αφημένα πάνω στις καρέκλες και μέσα στο νεροχύτη υπήρχε ένα βουνό από βρώμικα πιάτα... Μόλις τα είδε όλα αυτά η φίλη μας την έπιασε πονοκέφαλος. Έτριψε και τα 4 ζευγάρια μάτια της για να βεβαιωθεί ότι δεν ονειρεύεται!

«Πωπω...» είπε και έμεινε με το στόμα ανοιχτό... Εκείνη τη στιγμή άκουσε ένα θόρυβο από τα πάνω όροφο και άρχισε να ανεβαίνει τη σκάλα, αποφεύγοντας τα άπλυτα ρούχα και τα χαρτιά που ήταν πεταμένα στα σκαλοπάτια.

Ο επάνω όροφος ήταν το εργαστήριο του Αντρέα. Παντού τριγύρω υπήρχαν εργαλεία και μηχανήματα που η Λίνα δεν είχε ξαναδεί στη ζωή της. Τα κοιτούσε όλα με έκπληξη και θαυμασμό! Όταν ξαφνικά ένα δυνατό φτάρνισμα την κατατρόμαξε! Λίγο πιο πέρα, πάνω σε μια κοντή καρέκλα καθόταν ο Ανδρέας και μαστόρευε ένα μικρό μπλε ρομπότ!

Η Λίνα τον πλησίασε σιγά – σιγά για να μην τον τρομάξει και ανέβηκε πάνω στον πάγκο όπου δούλευε. Ο Αντρέας φορούσε μια άσπρη ρόμπα που ήταν λερωμένη με σάλτσα από μακαρονάδα και τα σγουρά μαύρα μαλλιά του έπεφταν μέσα στα μάτια του.

«Γεια σου!» του είπε η Λίνα, όσο πιο φιλικά μπορούσε, καθώς του χτύπησε απαλά το χέρι με τα μπροστινά της πόδια.

«Εε... γειά!» απάντησε αφηρημένος ο Ανδρέας χωρίς να την κοιτάξει.

«Εδώ κάτω είμαι!» είπε η Λίνα και τον σκούντηξε πιο δυνατά.

Ο Αντρέας κοίταξε το μανίκι του και είδε την μικρή καφέ αράχνη. Η Λίνα περίμενε ότι θα χοροπηδούσε από το φόβο του, όπως έκαναν όλοι στο Πετράδι. Όμως ο Αντρέας έψαξε στην τσέπη του και έβγαλε μια κονσέρβα σαρδέλες! «Ουπς! Λάθος!» είπε και έψαξε βαθύτερα. Αυτή τη φορά βρήκε αυτό που ήθελε και έβγαλε ένα μεγεθυντικό φακό που κουβαλούσε πάντα μαζί του! Κοίταξε προσεκτικά τη Λίνα που τώρα φαινόταν πολλές φορές μεγαλύτερη! «Πολύ ενδιαφέρον! Πρώτη φορά με επισκέπτεται μια αράχνη! Τι μπορώ να κάνω για σένα;» τη ρώτησε φιλικά.

Με λίγα λόγια η Λίνα του εξήγησε την επιθυμία της να ζήσει κάτω από τη θάλασσα σε ένα κοχύλι και το πώς χρειαζόταν τη βοήθειά του! «Χρειάζομαι μια μάσκα και φιάλες οξυγόνου για να μπορώ να αναπνέω κάτω από το νερό!

«Μάλιστα, μάλιστα...» απάντησε ο Αντρέας. «Αυτό δεν είναι πολύ δύσκολο! Μπορώ να το φτιάξω στο πι και φι! Θα αρχίσω αμέσως!» Εκείνη τη στιγμή ένα αεροπλάνο πέρασε πάνω από το σπίτι και μόλις το άκουσε ο Αντρέας βγήκε έξω στο μπαλκόνι και έμεινε να το κοιτάει να απομακρύνεται για κανένα πεντάλεπτο.

«Ει!» φώναξε η Λίνα! «Τι θα γίνει με τη μάσκα μου;»

«Α ναι! Συγγνώμη αλλά είμαι λίγο αφηρημένος!» είπε ντροπαλά ο εφευρέτης. «Καμιά φορά ξεχνιέμαι αλλά μην ανησυχείς τώρα είμαι συγκεντρωμένος!»

«Χαχα, εντάξει, δεν πειράζει! Και εγώ ξεχνιέμαι που και που! Λοιπόν τι θα χρειαστεί για να φτιάξεις τη μάσκα;» ρώτησε η Λίνα.

Όμως ο Ανδρέας πάλι δεν πρόσεχε τι του έλεγε! Είχε μπει μια μύγα στο εργαστήριο και την χάζευε καθώς πετούσε γύρω- γύρω και βούιζε.

«Αντρέα!!!» φώναξε με όλη της τη δύναμη η Λίνα!

Ο Αντρέας γύρισε και την κοίταξε λυπημένος... «Αχ... Η αλήθεια είναι ότι είμαι πολύ αφηρημένος! Δεν μπορώ να συγκεντρωθώ καθόλου! Μόλις ακούσω κάποιο θόρυβο αμέσως χάνω την αυτοσυγκέντρωσή μου και αρχίζω να χαζεύω! Για αυτό και έχω αφήσει όλες τις εφευρέσεις μου στη μέση... Όπως αυτό το ρομπότ-κηπουρό, που θα έφτιαχνε το κήπο μου» είπε και έδειξε το μισοτελειωμένο μπλε ρομποτάκι πάνω στο πάγκο του. «Έχω δοκιμάσει τα πάντα όμως τίποτα δεν με βοηθάει...» αναστέναξε...

«Αυτό είναι όντως ένα πρόβλημα» είπε η Λίνα «αλλά νομίζω πως ξέρω πώς να σε βοηθήσω! Αυτό που πρέπει να κάνεις είναι...»

Όμως ο Ανδρέας κοιτούσε έξω από το παράθυρο του, ένα καναρίνι που κελαηδούσε πάνω στο κλαδί μιας λεύκας και για άλλη μια φορά δεν την πρόσεχε! Είχε ακουμπήσει το κεφάλι του στην παλάμη του και είχε βυθιστεί στις σκέψεις του.

«Όπως φαίνεται πρέπει να το κάνω μόνη μου!» σκέφτηκε η Λίνα και πήδηξε πάνω στο χέρι του αφηρημένου εφευρέτη και σκαρφάλωσε μέχρι το δεξί του αυτί. Εκεί έφτιαξε με τον ιστό της μια μικρή μπαλίτσα και έκανε το ίδιο και στο αριστερό του αυτί με γρήγορες και περίτεχνες κινήσεις!

«Μα για μισό λεπτό! Αυτό είναι!!!» φώναξε ο Αντρέας! «Πως δεν το σκέφτηκα πιο πριν! Οι ωτοασπίδες είναι το μυστικό! Έτσι δεν θα αφαιρούμαι πια από τους θορύβους!! Σε ευχαριστώ πάρα πολύ μικρή μου φίλη! Τώρα κάθε φορά που θα πρέπει να φτιάξω κάτι θα φοράω τις ωτοασπίδες που μου έφτιαξες!! Χαχαχα! Τώρα θα μπορέσω να τελειώσω τις εφευρέσεις μου! Αλλά πρώτα για να σε ευχαριστήσω θα σου φτιάξω αυτά που μου ζήτησες! Πιάνω αμέσως δουλειά!» είπε ο Αντρέας και αν ήσασταν εκεί θα δυσκολευόσασταν να καταλάβετε ποιος από τους δύο είχε μεγαλύτερο χαμόγελο.

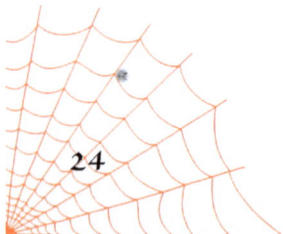

6.

Το απόγευμα η μάσκα και οι δύο φιάλες για το οξυγόνο ήταν έτοιμες! Η Λίνα της περιεργάστηκε με προσοχή και άκουσε τον Αντρέα που της εξήγησε πως λειτουργούν. «Μην ξεχνάς» της είπε «ότι το οξυγόνο που έχει εδώ μέσα δεν φτάνει για πάντα! Κάθε δύο μέρες να ανεβαίνεις στην επιφάνεια για να ξαναγεμίζεις τις φιάλες σου!»

«Εντάξει δεν θα το ξεχάσω!! Σε ευχαριστώ πάρα πολύ!!» είπε η Λίνα χαμογελώντας! Πήρε τις φιάλες και τη μάσκα, και κατέβηκε προσεκτικά από το πάγκο στο πάτωμα. Όταν έφτασε στην πόρτα, γύρισε

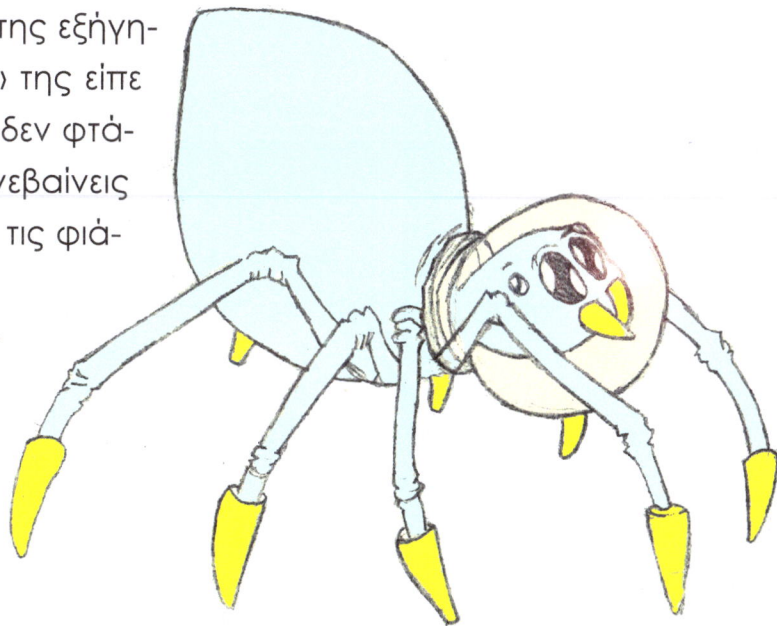

και χαιρέτησε τον Αντρέα πριν να φύγει. Αυτός όμως δεν την άκουσε. Δούλευε πάνω στο μπλε ρομπότ – κηπουρό του! Ήταν καιρός να καθαρίσει κάποιος τον ακατάστατο κήπο του. «Ίσως αύριο να φτιάξω και ένα ρομπότ για τις δουλειές του σπιτιού!» σκέφτηκε ο νεαρός εφευρέτης, σφίγγοντας μια βίδα με το κατσαβίδι του. «Μάλλον θα χρειαστεί να φτιάξω δύο για όλο αυτό το χαμό που γίνεται…»

Το βράδυ η μικρή αράχνη έφτασε στο σπίτι της Αρετής και μπήκε στο δωμάτιό της φίλης της πατώντας στις μύτες των 8 ποδιών της. Η Αρετή κοιμόταν ήσυχα στο κρεβάτι της αλλά πάνω στο γραφείο βρισκόταν έτοιμη η στολή της Λίνας!

«Ουάου είναι τέλεια!!» φώναξε όλο χαρά, αλλά αμέσως έκλεισε το στόμα της με δύο από τα πόδια της. Δεν ήθελε να ξυπνήσει τη φίλη της!

Πλησίασε τη στολή της και την χάιδεψε απαλά. Το αδιάβροχο ύφασμα ήταν κατακίτρινο και είχε δύο μεγάλες μαύρες ρίγες στα πλάγια! Πάνω στο στήθος η Αρετή είχε κεντήσει ένα μικρό λουλουδάκι! «Τι όμορφο που είναι!» είπε συγκινημένη! Μέτρησε τα μπατζάκια για τα πόδια της «ένα, δύο, τρία… Ευτυχώς είναι οχτώ!» σκέφτηκε η Λίνα! Άφησε την μάσκα και τις φιάλες δίπλα στη στολή και με τον ιστό της πλησίασε το κρεβάτι της φίλης της και της έδωσε ένα απαλό φιλάκι στο μάγουλο για να την ευχαριστήσει! Μετά σκαρφάλωσε σε μια γωνία στο ταβάνι και έμεινε εκεί να κοιτάζει την καινούργια της στολή. Το όνειρό της σιγά-σιγά γινόταν πραγματικότητα!

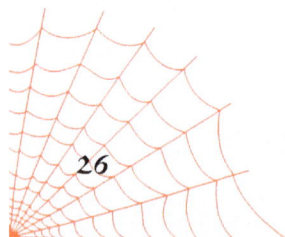

7.

Το πρωί όταν ξύπνησε η Αρετή αντίκρισε το πιο περίεργο θέαμα της ζωής της! Ήταν τόσο ασυνήθιστο αυτό που είδε που αμέσως σηκώθηκε και άρχισε να γελάει δυνατά! Πιστεύω ότι το ίδιο θα κάνατε και εσείς, αν ξυπνούσατε και δίπλα στο μαξιλάρι σας βρισκόταν μια αράχνη ντυμένη δύτη. Ή μπορεί και να τσιρίζατε από το φόβο σας. Εγώ μάλλον αυτό θα έκανα!

«Είσαι καταπληκτική! Η στολή σου πηγαίνει μούρλια! Και η μάσκα είναι πολύ καλοφτιαγμένη! Μα πώς κατάφερες να κάνεις τον Ανδρέα να ολοκληρώσει κάτι;!»

«Χαχα! Για όλα υπάρχει τρόπος αν θέλεις πολύ να καταφέρεις κάτι!» είπε η Λίνα φουσκώνοντας από περηφάνια μέσα στη κίτρινη στολή της.

«Τώρα θα πρέπει να πας σε ένα γιατρό για να δούμε αν μπορείς να μείνεις μέσα στη θάλασσα! Όλοι οι δύτες περνάνε από ιατρικές εξετάσεις σύμφωνα με την εγκυκλοπαίδεια του παππού μου!» είπε η Αρετή, αλλά ξαναέριξε μια ματιά στο βιβλίο για να είναι σίγουρη. «Ναι, ναι, εδώ το λέει ξεκάθαρα!»

«Θα πρέπει να πάω σε κανονικό γιατρό ή σε κτηνίατρο;» ρώτησε η Λίνα.

«Καλή ερώτηση...» απάντησε η Αρετή. «Μάλλον σε κανονικό γιατρό! Δεν νομίζω να ξέρει ένας κτηνίατρος από αυτά τα πράγματα! Μέχρι τώρα μόνο οι άνθρωποι κάνουν τους δύτες! Θα πρέπει λοιπόν να πας στη Δήμητρα! Αυτή είναι η γιατρός στο Πετράδι! Άσε που δεν έχουμε κτηνίατρο! Άρα έχεις μόνο μια επιλογή!»

Η Λίνα έβγαλε προσεκτικά τη στολή της και ετοιμάστηκε να πάει στο ιατρείο που ευτυχώς δεν ήταν πολύ μακριά. Καθώς πλησίαζε στο μικρό κτήριο είδε πως δεν είχε καθόλου κόσμο. Βλέπετε επειδή ο αέρας στο χωριό ήταν πολύ καθαρός οι κάτοικοι ζούσαν πολλά χρόνια και δεν αρρώσταιναν σχεδόν καθόλου. Για αυτό και η Δήμητρα είχε μια πολύ ξεκούραστη δουλειά!

Εκείνη τη στιγμή μάλιστα καθόταν αναπαυτικά σε μια πολυθρόνα και προσπαθούσε να λύσει ένα δύσκολο σταυρόλεξο στην εφημερίδα. «Χμμμμ 5 κάθετα...» μουρμούριζε η γιατρός μασώντας το καπάκι του στυλό της.

«Συγγνώμη γιατρέ...» είπε η Λίνα καθώς πλησίασε την καρέκλα.

Η Δήμητρα κοίταξε πάνω από την εφημερίδα της και μόλις είδε την αράχνη φώναξε δυνατά «Μαμάκα μου!!!» Το πρόσωπό της άσπρισε από την τρομάρα της και πήδηξε πίσω από το κρεβάτι που εξέταζε τους ασθενείς της! «Μείνε μακριά μου! Κρατάω εφημερίδα και δεν φοβάμαι να τη χρησιμοποιήσω!» απείλησε την Λίνα.

«Όχι δεν θα σε πειράξω, αλήθεια! Θέλω μόνο να με εξετάσεις!» είπε βιαστικά η φίλη μας προσπαθώντας να την ηρεμήσει αλλά και να αποφύγει την εφημερίδα!

Εκείνη τη στιγμή μπήκε μια σφήκα από μια τρύπα στη ξύλινη σκεπή του ιατρείου!

«Μανούλα μου!» ξαναφώναξε δυνατά η γιατρός και χώθηκε κάτω από το κρεβάτι αυτή τη φορά, γιατί περισσότερο από όλα τα πράγματα στον κόσμο φοβόταν τις σφήκες!

Η σφήκα ενοχλημένη από τις φωνές, ξαναβγήκε από την τρύπα της σκεπής και πέταξε μακριά! «Ουφ ευτυχώς!» αναστέναξε η Δήμητρα που έτρεμε ακόμη από την τρομάρα της και προς στιγμή ξέχασε πως είχε και μια αράχνη στο γραφείο της. Πολύ γρήγορα όμως το θυμήθηκε και κοίταξε τριγύρω για να δει που είναι κρατώντας ψηλά την εφημερίδα της! Όμως δεν μπορούσε να τη βρει πουθενά! «Λες να κρύφτηκε κάτω από το ψυγείο;» αναρωτήθηκε...

«Όχι εδώ πάνω είμαι!» είπε η Λίνα που είχε σκαρφαλώσει γρήγορα-γρήγορα στη σκεπή και έκλεινε με τον ιστό της την τρύπα στο ξύλο από όπου έμπαιναν οι σφήκες!

«Μα τι κάνεις εκεί;» ψέλλισε η Δήμητρα που ήταν ακόμη αρκετά τρομαγμένη αλλά και περίεργη.

«Θα κλείσω με τον ιστό μου την τρύπα στη σκεπή σου και έτσι δεν θα σε ξαναε-νοχλήσουν οι σφήκες! Ορίστε είναι έτοιμο!» είπε η αράχνη και έδειξε με ένα από τα πόδια της την δουλειά της! Πράγματι με ένα πυκνό ιστό είχε καταφέρει να κλείσει τη τρύπα!

«Ω! Σε ευχαριστώ» είπε η γιατρός! Μόλις κατέβηκε από την σκεπή η Λίνα την πλησίασε και αν και ακόμη τη φοβόταν λίγο, η Δήμητρα την άφησε να ανέβει πάνω στο γραφείο της. «Εεε... Τι μπορώ να κάνω για σένα;» τη ρώτησε.

Η Λίνα χρειάστηκε να εξηγήσει πολλές φορές την ιδέα της γιατί η Δήμητρα δεν είχε ξανακούσει ποτέ κάτι τέτοιο... «Χμμμμ... Λοιπόν δεν θυμάμαι να διάβασα κάτι για αράχνες στα βιβλία ιατρικής μου! Αυτό όμως δεν σημαίνει πως δεν μπορείς να τα καταφέρεις! Θα σου κάνω μερικές εξετάσεις και σε λίγο θα ξέρουμε τα απο-τελέσματα!»

«Εντάξει» είπε η Λίνα που είχε αγχωθεί γιατί κανείς δεν την είχε εξετάσει πιο πριν!

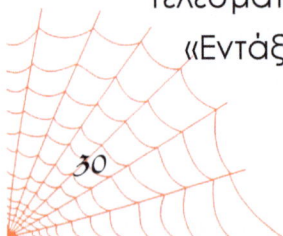

«Μην έχεις άγχος! Δεν θα πονέσεις καθόλου!» είπε η Δήμητρα, που είχε ξανα-πάρει το κανονικό χρώμα της! Μετά από μία ώρα κοιτούσε τα αποτελέσματα των εξετάσεων! «Λοιπόν όλα πάνε ρολόι!» είπε η γιατρός «Όμως μην ξεχνάς να τρως πολλά φρούτα και όσο θα είσαι μέσα στη θάλασσα, καθόλου φαγητά με αλάτι! Έχει μπόλικο το θαλασσινό νερό! Να πάρε και αυτές τις βιταμίνες! Να παίρνεις μία κάθε πρωί!!»

«Ευχαριστώ!» είπε η Λίνα και τα σημάδια στην πλάτη της σχημάτισαν πάλι ένα μεγάλο χαμόγελο! «Τώρα είμαι σχεδόν έτοιμη για να ξεκινήσω την περιπέτειά μου!» είπε καθώς πήρε το κουτάκι με τις βιταμίνες και ξεκίνησε για να φύγει! «Α! Και αν ξανά έχεις πρόβλημα με τις σφήκες να με φωνάξεις!»

«Και βέβαια θα το κάνω!» είπε η Δήμητρα! «Και συγγνώμη που σε φοβόμουν! Από εδώ και πέρα θα ξέρω!» είπε και την ξεπροβόδισε μέχρι την πόρτα! Μόλις έφυγε η Λίνα, την ξανάκλεισε αμέσως! Δεν ήθελε να μείνει ανοιχτή και να μπει κα-μιά σφήκα!

8.

Εκείνο το βράδυ η Αρετή και η Λίνα έφαγαν ένα πολύ υγιεινό δείπνο. Εξ' άλλου από εδώ και πέρα η φίλη μας θα έπρεπε να προσέχει τι τρώει για να είναι έτοιμη! Η Αρετή έφτιαξε μελιτζάνες στο φούρνο μαζί με κολοκυθάκια και μια σαλάτα από φρέσκα αγγουράκια, ντομάτες, κρεμμύδια και πιπεριές! Στη συνέχεια ήπιαν κρύο τσάι και τελείωσαν το βραδινό τους με δροσερά φρούτα!

«Λοιπόν ποιος θα με μάθει να κολυμπάω;» ρώτησε η Λίνα, που καθόταν πάνω σε ένα ζουμερό βερίκοκο και προσπαθούσε να το φάει με μεγάλες μπουκιές. Βέβαια, όπως καταλαβαίνετε, το βερίκοκο ήταν τεράστιο για το μέγεθός της! Θα ήταν σαν να προσπαθούσατε να φάτε ένα φρούτο στο μέγεθος ενός ελέφαντα! Νομίζετε ότι θα τα καταφέρνατε;

«Θα πρέπει να πας στον Κύριο Λάζαρο, τον ψαρά του χωριού! Μένει κοντά στη θάλασσα και έχει μια βάρκα με την οποία πάει κάθε μέρα για ψάρεμα στα ανοιχτά. Αυτός θα μπορέσει σίγουρα να σε μάθει να κολυμπάς!» της απάντησε η Αρετή.

«Ελπίζω να δεχτεί και να μη με φοβάται!» ψιθύρισε με άγχος η Λίνα και ένιωσε τα κίτρινα σημάδια στην πλάτη της να σχηματίζουν ένα μικρό ερωτηματικό!

«Είμαι σίγουρη πως δεν θα σε φοβηθεί!» την καθησύχασε η φίλη της. «Εξ' άλλου όλοι λένε πως στα νιάτα του ήταν πειρατής!!»

«Πει...πει...πειρατής;;;;» έκανε φοβισμένη η αραχνούλα και μισοκρύφτηκε πίσω από το βερίκοκο που μασουλούσε! «Μα, τώρα φοβάμαι εγώ!»

«Χαχαχα!» γέλασε η Αρετή! «Νομίζω πως αυτό είναι μόνο μια ιστορία που λέει στα παιδάκια του χωριού για να μην πλησιάζουν τη βάρκα του και χαλάνε τα δίχτυα του!»

«Χαχα...χα...» ψέλλισε η Λίνα προσπαθώντας να φανεί γενναία... Όλο το βράδυ όμως έβλεπε φοβερά όνειρα στα οποία άγριοι πειρατές με μακριές μαύρες γενειάδες την έβαζαν να περπατήσει πάνω σε μια σανίδα και να πέσει μέσα στη φουρτουνιασμένη θάλασσα! Εκείνη τη νύχτα δεν κοιμήθηκε καθόλου καλά και στριφογυρνούσε συνεχώς στον ιστό της, τόσο που στο τέλος έμπλεξε τα πόδια της!

Το επόμενο πρωί η Αρετή και η Λίνα ετοιμάστηκαν για να πάνε στο σπίτι του ψαρά. Η Λίνα σκαρφάλωσε διστακτικά στο καλαθάκι από το ποδήλατο της Αρετής και ζάρωσε σε μια γωνία. Βλέπετε, ακόμη ήταν φοβισμένη για το τι θα αντιμετώπιζε!

Όταν έφτασαν στην παραλία η Αρετή σταμάτησε να κάνει πετάλι. «Τώρα θα πρέπει να πας μόνη σου! Το σπίτι είναι πίσω ακριβώς από αυτά τα βραχάκια, κοντά στην παραλία! Συνέχισε όλο ευθεία και δεν θα το χάσεις! Εγώ πρέπει να γυρίσω πίσω για να ράψω ένα φουστάνι που μου έφερε χθες η γυναίκα του Δήμαρχου! Πάλι το έσκισε...» είπε απογοητευμένη. Η ημέρα ήταν ηλιόλουστη και θα ήθελε να κάνει ένα μπάνιο στη θάλασσα, αλλά...

«Είσαι σίγουρη πως δεν μπορείς να έρθεις μαζί μου;» είπε ανήσυχα η Λίνα καθώς κατέβηκε από το καλαθάκι μαζί με τη στολή και τα σύνεργά της.

«Ναι, πρέπει να το έχω ετοιμάσει το φόρεμα μέχρι το απόγευμα! Δεν χρειάζεται να φοβάσαι! Πρέπει να μάθεις να κολυμπάς αν θες να πετύχεις το όνειρό σου και ο Κύριος Λάζαρος είναι ο καλύτερος για αυτή τη δουλειά! Να έχεις στο μυαλό σου το κοχύλι που σε περιμένει μέσα στη θάλασσα! Έχεις φτάσει πολύ κοντά για να τα παρατήσεις τώρα!» της είπε η Αρετή και με γρήγορες πεταλιές βρέθηκε και πάλι στο δρόμο για το χωριό.

Η Λίνα πήρε μια βαθειά ανάσα για να ηρεμήσει και κοίταξε την θάλασσα. Ήταν τόσο γαλάζια και ήρεμη. Και σίγουρα κάπου εκεί μέσα την περίμενε ένα κοχύλι που θα γινόταν το καινούργιο της σπίτι. Με αυτές τις σκέψεις, η Λίνα πήρε θάρρος και έβαλε τη στολή της! Πήρε μια ακόμη βαθειά ανάσα και απόλαυσε το θαλασσινό αεράκι. «Είμαι έτοιμη!» φώναξε δυνατά και ξεκίνησε να περπατάει προς την αμμουδιά.

Εκείνη τη στιγμή όμως...

9.

«Μπου χου χου...» άκουσε κάποιον να κλαίει... Το κλάμα ήταν πολύ δυνατό και ακουγόταν από ένα μικρό δασάκι που είχε κοντά στην παραλία! «Μα τι να συμβαίνει;» αναρωτήθηκε η Λίνα και χωρίς καλά καλά να το καταλάβει άρχισε να προχωράει ανάμεσα στα δέντρα! Όσο προχωρούσε τόσο πιο δυνατό γινόταν το κλάμα. Τότε είδε ένα μεγαλόσωμο άνδρα να κάθεται κάτω στο χώμα , με τα χέρια του στο πρόσωπό του και να κλαίει με μαύρα δάκρυα! «Δυστυχία μου!» φώναζε κάθε τόσο και κοιτούσε την κορυφή ενός ψηλού πεύκου.

Η Λίνα συγκινήθηκε που τον είδε τόσο στεναχωρημένο και τον πλησίασε περισσότερο... «Καλημέρα! Μπορώ να σε βοηθήσω;» του φώναξε δυνατά, προσπαθώντας να ακουστεί πάνω από τα αναφιλητά του! «Κλαψ! Κανένας δεν μπορεί να με βοηθήσει!» είπε ο άντρας χωρίς να κοιτάξει και συνέχισε να κλαίει καθώς μεγάλα δάκρυα έπεφταν από τα μάτια του!

«Πωπω!» σκέφτηκε η Λίνα και πήδηξε δεξιά για να αποφύγει ένα δάκρυ που έσκασε απειλητικά δίπλα της! «Αυτός ο καημένος πρέπει να έχει ένα πολύ μεγάλο πρόβλημα!»

«Εγώ είμαι η Λίνα!» έκανε μια ακόμη προσπάθεια η φίλη μας. «Ποιο είναι το όνομά σου;» Ο άντρας γύρισε και την κοίταξε απορημένος... Πρώτη φορά έβλεπε μια αράχνη με τη στολή ενός δύτη και μάλιστα κίτρινη! Η έκπληξη τον έκανε να σταματήσει να κλαίει για λίγο. «Ε... Εγώ είμαι ο Παύλος, ο ξυλοκόπος του χωριού!» είπε και στράγγιξε την καστανή γενειάδα του από τα δάκρυά του!

«Χάρηκα για τη γνωριμία!» είπε η Λίνα που είχε πολύ καλούς τρόπους. «Τι σου συνέβη; Θα ήθελα να σε βοηθήσω αν μπορώ!!» Ο Παύλος κοίταξε ψηλά στην κορυφή του δέντρου και αναστέναξε... «Αχ, πρόσφατα αγόρασα ένα πολύ όμορφο χρυσό δακτυλίδι για την καλή μου! Καθώς γύριζα σήμερα στο χωριό, μου γλίστρησε από την τσέπη μου και πριν προλάβω να το μαζέψω από κάτω, μου το άρπαξε μια κίσσα! Την κυνήγησα μέχρι αυτό το δέντρο και αυτή άφησε το δακτυλίδι μου στη φωλιά της!» είπε ο Παύλος και έδειξε πολύ ψηλά με το τεράστιο χέρι του. Δάκρυα ξανάρχισαν να τρέχουν από τα μάτια του. «Είμαι πολύ βαρύς για να σκαρφαλώσω το δέντρο και αν το κόψω, το δακτυλίδι μου θα χαθεί μέσα στο δάσος! Δεν μπορώ να κάνω τίποτα για αυτό!» φώναξε και αφού ξανά έκρυψε το πρόσωπό του μέσα στις χερούκλες του, συνέχισε το κλάμα του!

«Αν συνεχίσει έτσι θα πλημμυρήσει το δάσος και δεν ξέρω ακόμη να κολυμπάω!» σκέφτηκε η Λίνα! Τότε της ήρθε μια ιδέα! «Εγώ μπορώ να σκαρφαλώσω πάνω στο δέντρο και να σου κατεβάσω το δακτυλίδι! Τα πόδια μου κολλάνε γερά σε κάθε επιφάνεια και έχω και τον ιστό μου!»

Όμως ο ξυλοκόπος δεν άκουσε τίποτα γιατί ήταν αφοσιωμένος στο να κλαίει! «Θα πρέπει να τα καταφέρω μόνη μου!» σκέφτηκε η Λίνα και με δύο μεγάλα πηδήματα ανέβηκε πάνω στο πόδι του Παύλου και άρχισε να σκαρφαλώνει στο σώμα του για να φτάσει στο κεφάλι του. Βέβαια αυτό ήταν πολύ δύσκολο! Κάθε

λίγο έπρεπε να πηγαίνει δεξιά και αριστερά για να αποφεύγει τα δάκρυά του που έτρεχαν ποτάμι από τα μάτια του και απειλούσαν να την παρασύρουν! Και το κλάμα του! Της είχε πάρει τα αυτιά!

Όταν έφτασε στο κεφάλι του Παύλου η Λίνα πήρε μια ανάσα για να ξεκουραστεί και μετά σημάδεψε προσεκτικά ένα κλαδί που ήταν μπροστά της. Με μαεστρία πιάστηκε από εκεί με τον ιστό της και άρχισε να σκαρφαλώνει στο δέντρο με μικρά γρήγορα βήματα. Το δέντρο ήταν πραγματικά πολύ ψηλό και η Λίνα όλο ανέβαινε και ανέβαινε! «Το καλό είναι πως όσο πιο ψηλά ανεβαίνω τόσο λιγότερο ακούγεται το κλάμα του!» σκέφτηκε και χαχάνισε μόνη της.

Ξαφνικά είδε μια λάμψη στα δεξιά της και καθώς κοίταξε καλύτερα το είδε! Ήταν το χρυσό δακτυλίδι του Παύλου! Πλησίασε προσεκτικά και το πέρασε γύρω από τη μέση της, δένοντάς το με ιστό! Μετά χρησιμοποίησε πάλι τον ιστό της για να κατέβει από το δέντρο, σιγά σιγά, σαν να ήταν ορειβάτης.

Ενώ ήταν στη μέση της διαδρομής όμως, άκουσε ένα φοβερό κρώξιμο και πριν προλάβει να καταλάβει τι έγινε, η κίσσα ερχόταν καταπάνω της με τα γαμψά της νύχια έτοιμα να την αρπάξουν! Όπως φαντάζεστε είχε θυμώσει πάρα πολύ που κάποιος τόλμησε να κλέψει από τη φωλιά της τα πράγματα που είχε κλέψει πρώτα αυτή! Η Λίνα τρομοκρατημένη προσπάθησε να κατέβει πιο γρήγορα και ευτυχώς κατάφερε να αποφύγει την επίθεση, όμως ο ιστός της κόπηκε και άρχισε να πέφτει με μεγάλη ταχύτητα προς το έδαφος!

«Αααααααααααααααααα!» φώναξε η μικρή αράχνη, σίγουρη πως θα σκάσει στο σκληρό έδαφος! Έκλεισε τα μάτια της και τότε... Παπ!! Προσγειώθηκε απαλά στην ανοιχτή παλάμη του Παύλου, ο οποίος είχε ακούσει την κίσσα και είχε σηκωθεί όρθιος για να πιάσει την Λίνα!

«Γκρρρρ! Γιατί δεν κατεβαίνεις εδώ κάτω, να σου δείξω εγώ παλιοκλέφτρα!!» φώναξε θυμωμένος ο ξυλοκόπος και κούνησε την ελεύθερη γροθιά του προς την κίσσα που πέταξε μακριά… «Είσαι καλά;» ρώτησε την αράχνη στην παλάμη του. Πριν προλάβει να απαντήσει η Λίνα, είδε το δακτυλίδι του! «Το βρήκες!!» φώναξε «Ζήτωωωωωω!!!» και άρχισε να χορεύει χαρούμενος γύρω γύρω με την ζαλισμένη Λίνα στη χερούκλα του!

Τελικά την άφησε απαλά κάτω στο χώμα. «Με έκανες πολύ χαρούμενο! Με βοήθησες να πάρω πίσω το δακτυλίδι μου και έκανες κάτι πολύ τολμηρό! Μπορεί να είσαι μικροσκοπική αλλά έχεις πολύ μεγάλη καρδιά! Είσαι η πιο γενναία αράχνη που ξέρω! Τώρα που το σκέφτομαι είσαι πιο γενναία και από πολλούς ανθρώπους που ξέρω!» είπε ο Παύλος και της χάρισε ένα τεράστιο χαμόγελο, μέσα από την καφέ γενειάδα του! «Αν ποτέ χρειαστείς τη βοήθειά μου μη διστάσεις να έρθεις να με βρεις στη καλύβα μου στο δάσος! Τώρα πρέπει να πάω να βρω την καλή μου και να της δώσω το δακτυλίδι!»

«Αντίο Παύλο!» του φώναξε και η Λίνα και τον χαιρέτησε καθώς ο ξυλοκόπος έφυγε με μεγάλα βήματα! Τα λόγια του είχαν δώσει κουράγιο στην μικρή αράχνη! Πλέον δεν φοβόταν ούτε καν τους πειρατές! Έσιαξε λίγο τη στολή της και ξεκίνησε για το σπίτι του Κυρ-Λάζαρου!

10.

Μετά από λίγη ώρα και αρκετό σκαρφάλωμα στα βραχάκια της παραλίας η Λίνα είδε το μικρό σπιτάκι του Λάζαρου. Ήταν ένα παλιό ξύλινο καλυβάκι πολύ κοντά στη θάλασσα. Έξω είχε δυο πλαστικές καρέκλες και ένα αναποδογυρισμένο μπαούλο που χρησίμευε σαν τραπεζάκι. Στη μία από τις καρέκλες καθόταν ένας κοκαλιάρης παππούς, που φορούσε ένα άσπρο φανελάκι και γκρι κοντό παντελονάκι και χάιδευε έναν χοντρό μαύρο γάτο που ξάπλωνε κουλουριασμένος στα πόδια του.

Η Λίνα πλησίασε πολύ προσεχτικά κοντά στην καρέκλα. «Καλημέρα σας!» είπε ευγενικά.

«Χμμμ καλημέρα! Είμαι ο Λάζαρος ο ψαράς... Εσύ πρέπει να είσαι η αράχνη για την οποία μου μίλησε η Αρετή! Τόσα χρόνια στη θάλασσα έχω δει πολλά περίεργα πράγματα, αλλά αράχνη που να θέλει να μάθει να κολυμπάει πρώτη φορά βλέπω!» είπε ο παππούς και έξυσε τη φαλάκρα του! «Αλλά τίποτα δεν είναι ακατόρθωτο! Εδώ κατάφερα να μάθω στον Κεφτεδάκο να κολυμπάει!»

ματιά μέσα στο κουβά μήπως είχε κανένα ψάρι, αλλά μόλις έβλεπε μόνο μια αράχνη, έβγαζε τη γλώσσα του και απομακρυνόταν νιαουρίζοντας εκνευρισμένος.

«Πολύ ωραία! Αρκετά για σήμερα! Μπορείς να κάτσεις εδώ το βράδυ για να ξεκουραστείς! Αύριο έχουμε μια μεγάλη μέρα! Θα πάμε μέσα στη θάλασσα για να κολυμπήσεις!» είπε ο Κυρ-Λάζαρος και κάθισε στην κουνιστή του καρέκλα χαμογελαστός. Πήρε μια φέτα καρπούζι από την πιατέλα που είχε πάνω στο μπαούλο και άρχισε να τη μασουλάει με όρεξη κοιτώντας τα αστέρια στον ουρανό.

«Τέλεια! Ανυπομονώ να μπω στη θάλασσα!» είπε η Λίνα που έτρωγε και αυτή ένα μικρό κομματάκι καρπούζι. Ήταν πολύ περήφανη για τον εαυτό της! Πόσα πράγματα κατάφερε να κάνει! Και αύριο επιτέλους θα βουτούσε στη θάλασσα! Αφού βολεύτηκε κοντά στον Κεφτεδάκο που ήδη ροχάλιζε ξαπλωμένος ανάσκελα, έκλεισε τα μάτια της και άφησε τον ήχο από το κύμα να τη νανουρίσει.

11.

Όταν ξύπνησε η Λίνα, ο ήλιος είχε ανατείλει και καθρεφτιζόταν στην ήρεμη θάλασσα. Ο Κεφτεδάκος συνέχιζε να κοιμάται κουλουριασμένος, βλέποντας στον ύπνο του φρέσκιες σαρδέλες!

«Καλημέρα! Βάλε τη στολή σου και πάμε!» είπε ο κυρ-Λάζαρος που ήταν ήδη έτοιμος. Πήγε μέχρι τη βάρκα του και ταχτοποίησε τα δίχτυα του και τους κουβάδες που είχε μαζί του.

Η Λίνα σηκώθηκε, έκανε μερικές διατάσεις για να ξεπιαστεί και ντύθηκε στο πι και φι με την κίτρινη στολή της. Με γρήγορα βήματα πλησίασε τη βάρκα και πήδηξε μέσα «Ωραία, έτοιμοι για να φύγουμε!» είπε και τότε ο Κυρ-Λάζαρος έβαλε μπρος τη μηχανή.

«Λοιπόν εδώ είναι καλά» είπε αφού είχαν ξανοιχτεί λίγο. «Θα σε δέσω με αυτό το σπάγκο και μετά θα σε αφήσω να βουτήξεις μέσα. Κολύμπησε τριγύρω και δες πως σου φαί-

νεται κάτω από τη θάλασσα. Όταν θελήσεις να ξαναβγείς έξω, το μόνο που έχεις να κάνεις είναι να τραβήξεις το σπάγκο και εγώ θα σε ξανανεβάσω στην βάρκα!»

Η Λίνα έβαλε τη μάσκα της και πέρασε στην πλάτη της τις φιάλες οξυγόνου που της είχε φτιάξει ο Ανδρέας. Στη συνέχεια έδεσε γύρω από τη μέση της το σπάγκο που της έδωσε ο Κυρ-Λάζαρος.

«Καλή επιτυχία» της φώναξε « μην ξεχνάς, αν θες να ανέβεις επάνω τράβα δυνατά τον σπάγκο!»

«Εντάξει, ευχαριστώ» είπε η Λίνα, μέσα από τη μάσκα της. Σκαρφάλωσε στην πρύμνη της βάρκας και χωρίς να φοβηθεί καθόλου βούτηξε μέσα στο καταγάλανο νερό!

Ένας καινούργιος κόσμος εμφανίστηκε μπροστά στα μάτια της! Η μικρή αράχνη δεν είχε ξαναδεί τίποτα τέτοιο σε όλη της τη ζωή! Τα χρώματα της θάλασσας την εντυπωσίασαν και προσπαθούσε να τα χορτάσει με τα 8 μάτια της ορθάνοιχτα! Τη χρυσαφένια άμμο, το σκούρο πράσινο από τα φύκια, το κόκκινο από τα κοράλλια, τις πολύχρωμες πετρούλες στο πάτο και το ασημένιο χρώμα των μικρών ψαριών που κολυμπούσαν γρήγορα δεξιά και αριστερά!

Καθώς κοιτούσε τριγύρω είδε ένα μεγάλο βράχο και στη βάση του μερικά κοχύλια. Κολύμπησε προς τα εκεί ενθουσιασμένη και τι να δει; Ανάμεσα στα κοχύλια ήταν και το κόκκινο κοχυλο-σπίτι του κάβουρα που είχε γνωρίσει!

«Ει! Ει Λίνα!!» της φώναξε ο παχουλός κάβουρας που την είχε δει και αυτός να πλησιάζει. «Έλα από εδώ να δεις το σπίτι μου!» της φώναξε καταχαρούμενος που θα μπορούσε να κάνει φιγούρα για το κοχύλι του για μια ακόμη φορά!

Η Λίνα πλησίασε και είδε πως πάνω και γύρω από το βράχο υπήρχαν ένα σωρό κοχύλια πολλών διαφορετικών χρωμάτων και σχημάτων! Τι όμορφα που ήταν! Μόλις έφτασε κοντά και άλλοι κάβουρες βγήκαν από τα κοχύλια τους για να γνωρίσουν τον καινούργιο επισκέπτη.

«Καλωσήλθες!» «Έλα να σε κεράσουμε!» «Κάτσε να φάμε μαζί φύκια αλα κρεμ!» της έλεγαν φιλικά οι κάτοικοι του βράχου και η Λίνα έπρεπε να χρησιμοποιεί και τα 8 πόδια της για να κάνει χειραψίες! Άραγε εσείς θα τα καταφέρνατε με τόσα χέρια;

«Κάντε στην μπάντα! Είναι δική μου καλεσμένη!» είπε ο παχουλός κάβουρας που έσπρωχνε δεξιά και αριστερά για να φτάσει στην Λίνα. «Ουχ, σιγά βρε καβουράκι μου με τη δαγκάνα σου!» βόγκηξε καθώς κάποιος απρόσεκτος του έριξε μια δυνατή κατά λάθος! Πήρε την Λίνα από το χέρι και την τράβηξε κοντά του. «Όπως θα θυμάσαι» της είπε «φέτος είναι στη μόδα τα κόκκινα κοχύλια και εγώ έχω το πιο κόκκινο και το πιο γυαλιστερό κοχύλι σε όλο το βράχο ή μάλλον σε όλη τη θάλασσα!»

«Μα δεν έχει σημασία τι χρώμα είναι το κοχύλι σου αρκεί να είναι καθαρό και προσεγμένο!» του φώναξε μια καβουρίνα θυμωμένη.

«Αυτό το λες επειδή εσένα είναι μπέζ!!» της απάντησε ο κάβουρας και μετά είπε εμπιστευτικά στην αράχνη που την κρατούσε σφιχτά αγκαζέ «Πφφφ όλοι ξέρουν πως το μπεζ είναι εκτός μόδας εδώ και πολλά χρόνια!»

Όμως η Λίνα σχεδόν δεν τον άκουγε με όλο αυτό τον κόσμο μαζεμένο γύρω της που ήθελε να την γνωρίσει και να την καλωσορίσει στο μέρος του. Πέρασε τις επόμενες δύο ώρες βλέποντας τα κοχύλια των καβουριών του βράχου και για όλα είχε μια καλή κουβέντα να πει. Αυτό έκανε όλους να τη συμπαθήσουν ακόμη περισσότερο και όταν ήρθε η ώρα να ξανα-ανέβει στην επιφάνεια ο δήμαρχος του βράχου, που ήταν ένας γέρος κάβουρας με γυαλιά και μακριά μουστάκια της είπε:

«Αχεμ… Αγαπητή Λίνα! Χαιρόμαστε πάρα πολύ που ήρθες να μας επισκεφτείς! Τιμή μας να έχουμε έναν επισκέπτη…εεεε… από τη στεριά! Όλοι εδώ θα θέλαμε να σε ξαναδούμε και για αυτό σου κάνουμε επίσημη πρόσκληση …εεεε… για να έρθεις να μείνεις μαζί μας εδώ στο βράχο! Θα σου ετοιμάσουμε και μια θέση για να… εεεε… για να βάλλεις το κοχύλι σου!» Ο δήμαρχος έσιαξε λίγο τα γυαλιά του και μετά πρόσθεσε «Χμ… Η αλήθεια είναι ότι δεν είχα πολύ χρόνο για να γράψω αυτό τον λόγο! Ελπίζω να σου άρεσε!»

«Ω ναι! Ήταν καταπληκτικός λόγος!» είπε η Λίνα και ο δήμαρχος φούσκωσε από περηφάνια! «Τώρα πρέπει να φύγω! Σας ευχαριστώ όλους για την φιλοξενία σας! Πολύ σύντομα θα έρθω για να μείνω μαζί σας, αφού πρώτα ταχτοποιήσω κάποιες υποχρεώσεις!» είπε και χαμογέλασε σε όλους τους νέους φίλους της. Μετά τράβηξε δυνατά τον σπάγκο γύρω από τη μέση της και ο Κύρ-Λάζαρος άρχισε να την τραβάει επάνω!

«Εεεεε μισό λεπτό!» φώναξε ο χοντρούλης κάβουρας που μόλις είχε βγει από το κόκκινο κοχύλι του. Αλλά η Λίνα ήταν ήδη πολύ μακριά. «Αχ τι κρίμα, ήθελα να της δείξω τον καινούργιο κατάλογο για τα διακοσμητικά κήπου!!» αναστέναξε και ξαναπήγε στο σπίτι του απογοητευμένος.

12.

Καθώς ο Κυρ-Λάζαρος οδηγούσε τη βάρκα πίσω στην παραλία, η Λίνα του διηγήθηκε τις περιπέτειές της! Ήταν τόσο ενθουσιασμένη που μιλούσε και μιλούσε και μιλούσε σε όλη τη διαδρομή!

«Όπως φαίνεται πέρασες πολύ καλά! Χαίρομαι που όλα ήταν όπως τα περίμενες! Και οι κολυμβητικές σου ικανότητες είναι πολύ καλύτερες από ότι θα περίμενε κανείς! Νομίζω πως είσαι φυσικό ταλέντο!» είπε ο γέρο ψαράς χαρούμενος.

Μόλις έφτασαν στη στεριά ο Κεφτεδάκος έτρεξε να τους προϋπαντήσει με μεγάλα βήματα, όμως μόλις είδε ότι δεν είχαν φέρει ψάρια μαζί τους, έχασε το ενδιαφέρον του και ξαναγύρισε στο κρεβάτι του κουνώντας τη φουντωτή ουρά του πέρα δώθε για να δείξει πόσο εκνευρισμένος ήταν.

«Πρέπει να γυρίσω στο χωριό, στην Αρετή» είπε η Λίνα «Θέλω να ετοιμάσω τα πράγματά μου και να οργανωθώ! Θα ξαναέρθω αύριο για την μετακόμιση!» και τα σημάδια στην πλάτη της σχημάτισαν ένα λαμπερό χαμόγελο!

«Εντάξει, έλα πάλι αύριο για να σε ξαναπάω μέχρι τον βράχο! Θα έχω από το πρωί έτοιμη τη βάρκα μου και θα σε περιμένω!» είπε ο Κυρ-Λάζαρος και άνοιξε μια κονσέρβα χταπόδι για να καλοπιάσει τον Κεφτεδάκο που καθόταν σε μια γωνία και του κρατούσε μούτρα! Όπως φαντάζεστε, π ο λ ύ σ ύ-

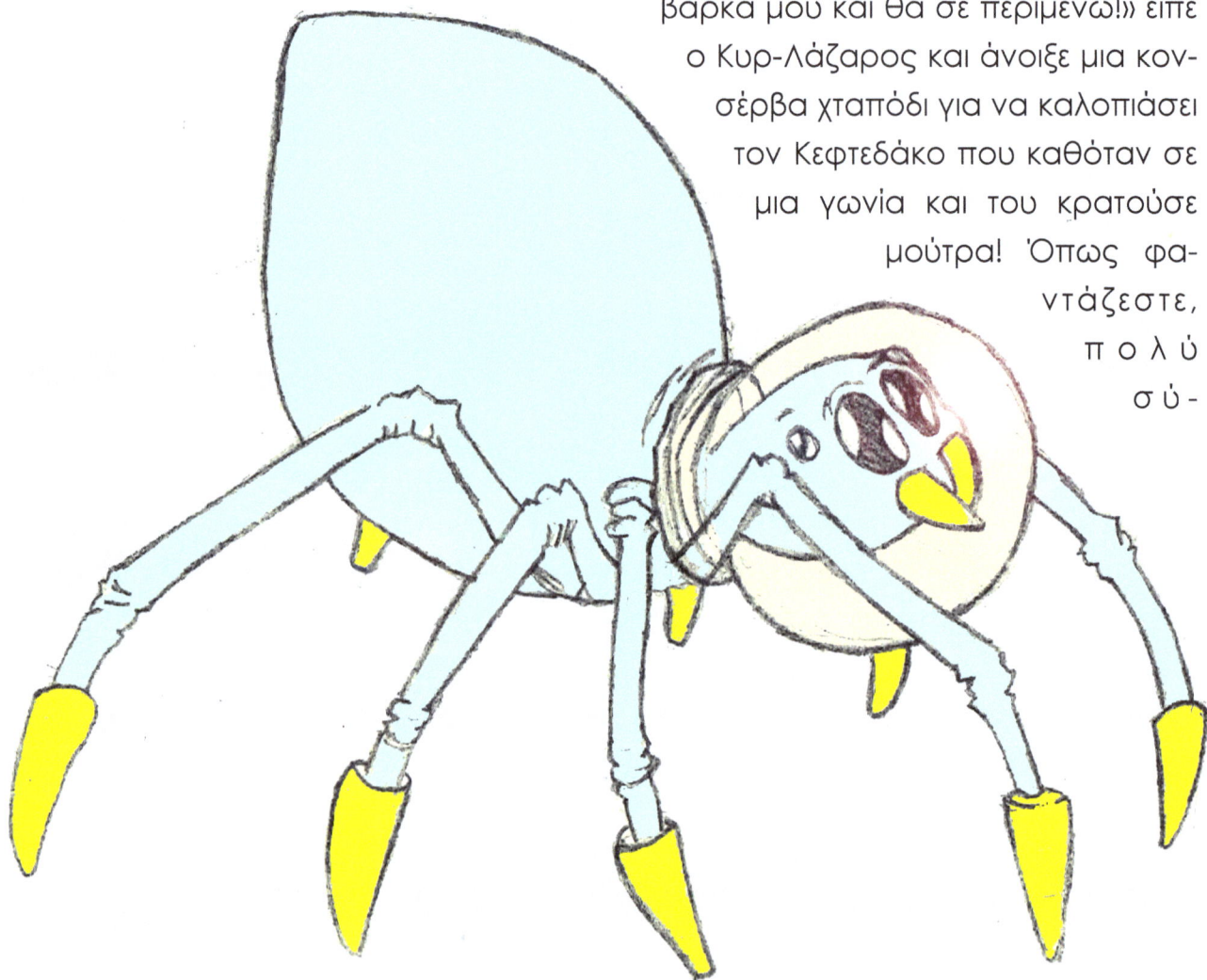

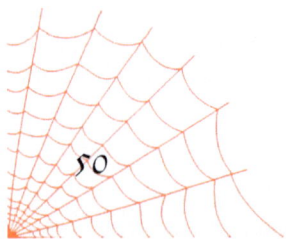

ντομα, ο γάτος είχε φάει όλο τον μεζέ και χουρχούριζε χαρούμενος στην αγκαλιά του αφεντικού του!

Η Λίνα έφτασε στο Πετράδι το βράδυ γιατί έπρεπε να περπατήσει μια μεγάλη απόσταση και ακόμη και αν έχεις 8 πόδια είναι πολύς δρόμος! Όταν μπήκε στο σπίτι της Αρετής, την είδε να κάθεται και να δουλεύει στον πάγκο της, ράβοντας ένα θαλασσί φόρεμα.

«Α ωραία! Γύρισες! Πες μου πως ήταν η περιπέτειά σου!» είπε η Αρετή και χωρίς δεύτερη κουβέντα η Λίνα σκαρφάλωσε πάνω στον πάγκο και άρχισε να διηγείται πως ήταν ο βυθός στη θάλασσα. Καθώς μιλούσε, βοηθούσε την Αρετή με τις λεπτομέρειες του φορέματος.

«Λοιπόν, θα στεναχωρηθώ πολύ που θα φύγεις! Να έρχεσαι όποτε θέλεις να με βλέπεις! Ξέρεις πως πάντα θα είσαι καλοδεχούμενη εδώ! Άσε που χωρίς εσένα θα πρέπει να δουλεύω πιο πολύ για να τελειώνω τις παραγγελίες μου!»

Οι δύο φίλες γελάσανε και αν και ήταν συγκινημένη και λίγο στεναχωρημένη, η Αρετή ένιωθε πραγματικά περήφανη για την Λίνα, που θα ακολουθούσε το όνειρό της και θα πήγαινε σε ένα μέρος που θα ήταν αποδεκτή από όλους!

«Βασικά εκεί που θα πας μπορείς να ανοίξεις ένα ραφείο! Είμαι βέβαιη πως όλοι θα εντυπωσιαστούν από τις ικανότητές σου!» πρότεινε η Αρετή!

«Δεν έχεις άδικο! Ξέρω έναν κάβουρα ειδικά που του αρέσει πολύ η μόδα και τα διάφορα αξεσουάρ! Πιστεύω πως θα έχει επιτυχία!»

Καταλάβατε ποιον εννοεί η φίλη μας, έτσι δεν είναι;

Όταν τελείωσαν με το φόρεμα ήταν ήδη αργά και ήταν ώρα για ύπνο. Εξάλλου αύριο η Λίνα είχε μια μεγάλη μέρα μπροστά της. Την πιο σπουδαία μέρα της ζωής της! Αύριο θα μετακόμιζε στη θάλασσα!

13.

Όταν ξύπνησε η Λίνα κοίταξε τριγύρω αλλά η Αρετή δεν ήταν πουθενά!

«Που να πήγε;» αναρωτήθηκε... Όμως δεν υπήρχε καθόλου χρόνος για χάσιμο! Ο κυρ-Λάζαρος θα την περίμενε στην παραλία. Με βιαστικές κινήσεις η Λίνα έφτιαξε τη βαλίτσα της στο πι και φι! Για να πούμε και την αλήθεια, όταν είσαι αράχνη δεν έχεις και πολλά πράγματα να πακετάρεις!

Περίμενε λίγο ακόμη μήπως εμφανιστεί η φίλη της αλλά καθώς περνούσε η ώρα αποφάσισε να ξεκινήσει. Περπατούσε όσο πιο γρήγορα μπορούσαν τα οχτώ πόδια της και κάποια στιγμή έφτασε στην άκρη του χωριού. Γύρισε και κοίταξε τα σπίτια και τους ανθρώπους που άφηνε πίσω. Αν και δεν της είχαν φερθεί καλά, η Λίνα αγαπούσε το Πετράδι. Έτσι λοιπόν είπε «αντίο» από μέσα της και συνέχισε στο δρόμο της.

Περπάτησε μέσα από το δασάκι και όταν βγήκε στην παραλία, κοντά στη καλύβα του Κυρ-Λάζαρου, την περίμενε μια ευχάριστη έκπληξη! Δίπλα στη βάρκα την περίμεναν η Αρετή, ο Ανδρέας, η Δήμητρα, ο Παύλος και ο Κυρ-Λάζαρος που χάιδευε τον Κεφτεδάκο!

«Μάθαμε ότι θα φύγεις και ήρθαμε να σε χαιρετήσουμε!» είπε η Δήμητρα που έκλεισε για λίγο το ιατρείο της και φορούσε ακόμη την άσπρη ρόμπα της.

«Ευτυχώς που με ειδοποίησε πριν λίγο η Αρετή αλλιώς θα το είχα ξεχάσει!» είπε γελώντας ο Ανδρέας καθώς έσκυψε για να μαζέψει ένα από τα κατσαβίδια του που έπεσε στην άμμο!

«Σου ετοιμάσαμε και ένα δωράκι για την νέα σου ζωή!» είπε ξυλοκόπος με τη βροντερή φωνή του.

«Φόρεσε τη στολή σου και εσείς οι υπόλοιποι μπείτε μέσα στη βάρκα για να ξεκινήσουμε!» είπε ο Κυρ-Λάζαρος και όλοι ανέβηκαν στο μικρό καΐκι του. Φυσικά το βάρος τους ήταν πολύ μεγάλο και δεν μπορούσαν να σαλπάρουν!

«Όπως φαίνεται πρέπει να σε χαιρετήσω από τώρα!» είπε ο Παύλος, που ήταν πιο μεγαλόσωμος από όλους τους και έπιανε τουλάχιστον τρεις κανονικές θέσεις! Πήδηξε πάλι στην άμμο και χαιρέτησε με το χέρι του την Λίνα «Καλή τύχη! Να σου πάνε όλα δεξιά!!» της φώναξε και μετά έσπρωξε με όλη τη δύναμη του τη βάρκα και την έστειλε προς τα ανοιχτά!

Ο Κεφτεδάκος, που μόλις εκείνη τη στιγμή πήρε είδηση ότι έφευγε ο Κυρ-Λάζαρος, έτρεξε προς την παρέα που έφευγε και έριξε ένα σάλτο για να τους προλάβει! Δεν θα τους άφηνε να πάνε για ψάρεμα χωρίς αυτόν! Δυστυχώς το μόνο που κατάφερε ήταν να πέσει μέσα στο νερό και να βγει έξω νιαουρίζοντας νευριασμένος και μούσκεμα.

Μόλις η βάρκα έφτασε κοντά στο βράχο που είχε επισκεφτεί η Λίνα την τελευταία φορά, ο Κυρ-Λάζαρος σταμάτησε τη βάρκα.

«Λοιπόν έχουμε ένα δώρο για σένα!» είπε η Αρετή. «Και θα σου το δώσουμε τώρα! Ανδρέα που το έχεις;»

Ο Ανδρέας όμως κοίταζε αφηρημένος ένα γλάρο που πετούσε ψηλά, έτσι η Αρετή αναγκάστηκε να του δώσει μια αγκωνιά στα πλευρά!

«Χμμμ; Α ναι! Βέβαια!» είπε ο Ανδρέας και άρχισε να ψάχνει τις τσέπες του! Αρχικά έβγαλε ένα κατσαβίδι, ένα μισοφαγωμένο σοκολατάκι και ένα ηλεκτρονικό τσιπάκι. «Κάπου εδώ το έχω...» μουρμούρισε και έψαξε και στη άλλα τσέπη του. «Α να το!» φώναξε χαρούμενος και έδειξε στην Λίνα, ένα μεγάλο στριφογυριστό κοχύλι που γυάλιζε με τα χρώματα του ουράνιου τόξου!

«Ωωωω!!!» είπε η Λίνα και έτριψε όλα τα μάτια της και με τα οχτώ χέρια της!

«Ο Κυρ-Λάζαρος βρήκε το κοχύλι και εγώ το ζωγράφισα για να είναι πολύχρωμο!» εξήγησε η Αρετή. «Η Δήμητρα το καθάρισε για να μπορείς να μείνεις μέσα και ο Ανδρέας έφτιαξε ένα σύστημα για να μην μπαίνει το θαλασσινό νερό! Έφτιαξε και μια προπέλα για να μπορείς να το μετακινείς μέσα στο νερό! Έχει και μερικά μικρά έπιπλα από ξύλο! Τα έφτιαξε ο Παύλος! Έτσι έχεις έτοιμο το σπίτι σου και δεν θα χρειαστεί να ψάξεις μόλις κατέβεις κάτω στο βυθό!»

Η μικρή αράχνη δεν ήξερε τι να πει! Ήταν το πιο όμορφο κοχύλι που είχε δει ποτέ! Ο ήλιος έριχνε τις ακτίνες πάνω του και ατό άλλαζε χρώματα ανάλογα πως το κοιτούσες! Ήταν πολύ συγκινημένη με το δώρο και ακόμη περισσότερο με την ευγενική χειρονομία των φίλων της! «Δεν ξέρω πώς να σας ευχαριστήσω...» ψιθύρισε.

«Δεν χρειάζεται! Και εσύ μας βοήθησες όταν είχαμε ανάγκη! Ήταν το λιγότερο που μπορούσαμε να κάνουμε για σένα!» είπε η Δήμητρα! «Πάρε και αυτές τις βιταμίνες!»

«Και μην ξεχνάς να ανανεώνεις το οξυγόνο στις φιάλες της στολής σου κάθε δύο μέρες!» της θύμισε ο Ανδρέας! «Και να μας επισκέπτεσαι όσο πιο συχνά μπορείς! Και να προσέχεις!» είπε η Αρετή!

«Λοιπόν ήρθε η ώρα» μουρμούρισε η Λίνα και φόρεσε την κάσκα της στολής της! Ανέβηκε πάνω στο κοχύλι της και ο Κυρ-Λάζαρος το πήρε στην παλάμη του. «Καλή τύχη μικρή μου! Εις το επανιδείν!»

«Θα τα ξαναπούμε πολύ σύντομα!» τους φώναξε η Λίνα καθώς ο ψαράς άφησε το κοχύλι να βουλιάξει αργά αργά μέσα στη θάλασσα.

Η Λίνα βυθίστηκε με αργές κινήσεις και κατευθύνθηκε προς το βράχο με τα υπόλοιπα κοχύλια, οδηγώντας το δικό της προς τα εκεί σαν μικρό υποβρύχιο χάρη στον Ανδρέα. Τα μάτια της γυάλιζαν από χαρά και συγκίνηση και τα σημάδια στην πλάτη της είχαν σχηματίσει ένα φωτεινό χαμόγελο! Οι κάβουρες του βράχου βγήκαν από τα σπίτια τους καθώς την είδαν και κουνούσαν τις δαγκάνες τους για να την καλωσορίσουν. Η μικρή αράχνη μπορούσε να το καταλάβει μέσα της, είχε φτάσει στο σπίτι της!

Βιογραφικό

Ο Ευάγγελος Βλάχος γεννήθηκε και μεγάλωσε στη Θεσσα-
λονίκη. Σπούδασε στο τμήμα Εκπαιδευτικής και Κοινωνικής
Πολιτικής του Πανεπιστημίου Μακεδονίας και ολοκλήρωσε
τις μεταπτυχιακές σπουδές του στο Manchester Metropolitan
University στο τομέα της Συνεκπαίδευσης. Εργάζεται ως ει-
δικός παιδαγωγός και στον ελεύθερο χρόνο του ταξιδεύει,
γράφει παραμύθια και προσπαθεί να μάθει ποδήλατο.

Όπως και η Λίνα, έτσι και ο Βαγγέλης δεν θα είχε καταφέρει και πολλά χωρίς τους φίλους του για αυτό θα ήθελε να ευχαριστήσει την Αρετή, τον Δημήτρη, τον Θωμά, τη Δήμητρα, τον Μάκη, τον Απόστολο και τον Δημήτρη, την Λίλα, την Ελπίδα και το Σίμο, την Ειρήνη, την Κατερίνα, την Μαρία και την Χαρά, τον Αριστείδη, τον Πέτρο, τη Φιλίτσα, την Γεωργία και τη Μαριάνθη, τη Λητώ και τον Δημήτρη, τον Ανδρέα και την Εύη, τον Βασίλη και τη Βίκυ που του χάρισαν την βοήθειά τους, το χρόνο τους και την υποστήριξή τους. Θα υπάρχει πάντα χώρος στο κοχύλι της Λίνας για να τους φιλοξενήσει αν αποφασίσουν να ζήσουν στη θάλασσα!

Πάντα με αγάπη
Βλάχος Ευάγγελος

www.ingramcontent.com/pod-product-compliance
Lightning Source LLC
LaVergne TN
LVHW072119070426
835511LV00002B/20

9789606796616